Stephanie Schneider (1972) wollte schon als Kind Bücher schreiben. Doch erst nach einem Kunst-Studium und ein paar Jahren als Lehrerin erinnerte sie sich wieder an den Traum ihrer Kindheit. Seitdem geht sie jeden Morgen in ihr Lieblingscafé und schreibt dort für Kinder und Erwachsene. Stephanie Schneider lebt mit ihrem Mann und ihren zwei Töchtern in Hannover.

Astrid Henn fand sich nach Abitur und einer lustigen Berufsberatung eher zufällig im Studiengang Visuelle Kommunikation an der FH Aachen wieder, zeichnete, malte, fotografierte und landete schließlich nach erfolgreichem Abschluss in Hamburg. Im Dschungel der Hamburger Werbeagenturen hatte sie es mit Pflegeprodukten und Tütensuppenfabrikanten zu tun. Erst in der Selbstständigkeit entdeckte sie ihre große Liebe zur Illustration. Seitdem arbeitet sie ausschließlich als Illustratorin, immer noch in Hamburg, nun aber mit Familie und Tütensuppen kommen nicht auf den Tisch.

Weitere Informationen zum Kinder- und Jugendbuchprogramm der S. Fischer Verlage finden sich auf www.fischerverlage.de

Erschienen bei FISCHER Sauerländer

© 2019 Fischer Kinder- und Jugendbuch Verlag GmbH,
Hedderichstraße 114, D-60596 Frankfurt am Main
Umschlaggestaltung und Satz: Norbert Blommel, MT-Vreden,
unter Verwendung einer Illustration von Astrid Henn

Druck und Bindung: Firmengruppe Appl, aprinta druck GmbH, Wemding
Printed in Germany
ISBN 978-3-7373-5652-7

Stephanie Schneider

Das endlos lange Weihnachts- warten

Mit Bildern von
Astrid Henn

SAUERLÄNDER

Bei Memory gewinnt Mia eigentlich immer.

Aber als sie heute mit Papa vor den bunten Karten sitzt, kann sie einfach nicht aufpassen. Morgen ist nämlich Weihnachten. Nur noch ein Türchen im Adventskalender ist zu, doch ausgerechnet heute will und will der Tag einfach nicht herumgehen!

»Warten ist doof«, jammert Mia. »Warum kann nicht jetzt schon Weihnachten sein?«

Papa räumt die Karten zurück in die Schachtel.

»Ganz einfach«, sagt er. »Weil ich noch ein Geschenk für Mama besorgen will. Kommst du mit?« Mia denkt nach.

»Kann ich dann auch noch was für Mama kaufen?« Sie hat zwar schon ein geheimes Bild gemalt, aber zwei Geschenke können auch nicht schaden.

»Na klar«, sagt Papa.

Und so ziehen er und Mia sich die dicken Jacken an und gehen zur U-Bahn-Station.

In der Stadt ist ein ziemliches Gedränge.

Überall hetzen Leute herum.

Mia klammert sich fest an Papas Hand.

»Erst mal essen wir eine Bratwurst«, sagt
Papa. Er zieht Mia zu dem Imbissstand mit
der Weihnachtsbratwurst auf dem Dach.
»Geschenke kaufen ist schwierig, da muss
man sich vorher stärken.«

»Was wollen wir Mama denn schenken?«,
will Mia wissen.
»Keine Ahnung«, sagt Papa und
pustet auf die heiße Wurst.
»Auf jeden Fall was besonders Schönes.
Schließlich ist Weihnachten!«

Nach dem Bratwurstessen marschieren sie ins Kaufhaus.

Und wie es scheint, ist heute Mias Glückstag.

Denn gleich am Eingang steht ein großer Stapel mit Frühstücksflocken.

Die Sorte, bei denen immer noch ein Spielzeug mit in der Schachtel ist

und die Mama sonst nie kaufen will.

»So eine verschenke ich«, erklärt Mia entschlossen.

Papa kratzt sich am Kinn.

»Meinst du wirklich? Ich dachte eher an Seife oder so etwas.«

»Seife?« Mia schüttelt den Kopf. »Nee, wir wollen doch was SCHÖ-NES.

Hast du doch selber gesagt.«

»Na gut«, murmelt Papa und kauft eine Packung Frühstücksflocken

als Geschenk für Mama.

Dann ist Papa an der Reihe und darf aussuchen. Mit der Rolltreppe
fahren sie in den ersten Stock. Dort gibt es Wanderstöcke und Regenjacken
und Turnschuhe. Auf einem Tisch in der Ecke liegen lauter Sachen
für Fußballfans. Hier bleibt Papa stehen. Kein Wunder. Schließlich suchen
sie was Schönes für Mama. Und Fußball ist ja was Schönes.

Mia hält eine Fahne von ihrem Lieblingsverein hoch. »Schenk ihr doch
so eine fürs Auto«, schlägt sie vor. »Oder ein T-Shirt. Was zum Anziehen
mag Mama bestimmt«, sagt sie kennerisch. Papa kratzt sich am Kopf.
»Also, ich weiß nicht«, murmelt er. Aber dann sucht er wirklich ein Fußball-
T-Shirt und ein Fußball-Badehandtuch aus.

An der Kasse schiebt Papa der Verkäuferin die Fußballsachen und die Frühstücksflocken über den Tresen und sagt: »Können Sie das bitte als Geschenk einpacken?«
Die Verkäuferin macht ein Gesicht, als habe sie noch nie im Leben Frühstücksflocken gesehen.

Doch dann nimmt sie ein Stück
Sternenpapier und macht aus den
gekauften Sachen schöne Geschenke
mit Krisselband. Zum Schluss
knotet sie noch ein kleines, baumeliges
Engelchen an die Tüte. Mia wird ganz warm
innen drin, so wunderbar sieht das aus.
Auch für die anderen Leute in der Schlange
macht die Verkäuferin so schöne Pakete.

Mia könnte ewig zuschauen.
Aber morgen ist Weihnachten.
Da fahren sie jetzt wohl lieber
nach Hause.
»Komm«, sagt sie und fasst
nach Papas Hand.

Doch da ist keine Hand. Papa ist nicht mehr zu sehen. Um sie herum nur Weihnachtsgewimmel und viele fremde Hetzmenschen. Mias Herz klopft plötzlich ganz schnell. Wie soll sie in diesem Durcheinander Papa wiederfinden?

Sie läuft zur Rolltreppe. Zur Ecke mit den Fußballfan-Sachen und dann wieder zurück zur Rolltreppe. Aber Papa ist weg. Was soll sie nur machen?

Gerade spürt Mia die ersten Tränen in ihre Augen klettern, da sieht sie etwas Erstaunliches: Dort drüben, neben dem Tisch mit den Schlittschuhen, steht ein *echter* Engel und verteilt Kekse! Schnell schluckt sie die Tränen runter und drängelt sich durch die Leute. Ein Engel ist genau das, was sie jetzt braucht. Der kann ihr bestimmt helfen, Papa zu finden.

Eigentlich hätte Mia gedacht, dass Engel immer ganz fein und zerbrechlich sind. So wie der Anhänger an der Geschenketüte. Dieser hier aber ist groß wie ein Busfahrer und riecht nach Seife und Kaffee. Sie zupft an seinem Kleid.

»Mein Papa ist weg. Kannst du mir helfen, ihn zu finden?« Der Engel zieht die Augenbrauen hoch. Dann lächelt er. »Keine Sorge.« Er hebt Mia mit seinen starken Armen hoch und setzt sie auf seine Schultern. Einfach so, als ob Mia leicht wie eine Tüte Luft ist.

Jetzt schwebt sie hoch oben
über den Köpfen der Leute und
hält Ausschau nach Papa.
»Siehst du ihn?«, fragt der Engel
von unten.

Doch da ruft Papa auch schon »Mia!« und drängelt sich zu ihnen durch.

Er nimmt sie so fest in die Arme, als wolle er sie nie wieder loslassen.

Mia strampelt sich los. »Jetzt können wir endlich unsere Geschenke nehmen
und nach Hause fahren, ja?«

»Au Backe, die Geschenke!«, sagt Papa. Erschrocken schaut er sich um.

Aber von ihrer Tüte mit Hängeengel ist weit und breit nichts zu sehen.

Also müssen Mia und Papa schon wieder anfangen zu suchen.

Sie gehen zur Rolltreppe,

in die Abteilung mit den Fußballsachen

und zu den Umkleidekabinen.

Überall schauen sie nach. Aber die Krisselbandgeschenke bleiben verschwunden.

»Mensch, Papa!«, schimpft Mia. »Du bist echt ein Verlierer. Erst verlierst du mich und dann sogar die Geschenke!«

Doch alles Geschimpfe hilft nichts. Deshalb gehen sie los und besorgen *noch einmal* Geschenke.

Mia kauft wieder Frühstücksflocken. Papa aber geht diesmal nicht
zum Fußballtisch. Er marschiert lieber in die Parfümabteilung und
lässt sich von dem Verkäufer ein Fläschchen aussuchen.
Parfüm findet Mia ziemlich langweilig, aber das sagt sie lieber nicht.

Zum Glück kriegt Mama morgen ja noch das geheime Bild und
die Frühstücksflocken, über die sie sich freuen kann.

Und von Papa bekommt sie dann eben
erst nächstes Jahr wieder was Schönes.

Diesmal wundert sich die Frau mit dem Geschenkpapier kein bisschen, als Papa ihr die Frühstücksflocken über den Tisch schiebt. Die Pakete werden mindestens genauso schön wie vorher und einen Hängeengel bekommen sie natürlich auch.

Mia blickt rüber zu den Schlittschuhen. Dort sitzt der Engel mit den starken Armen und verteilt schon wieder Kekse. Sie geht zu ihm und überreicht ihm ihren Anhänger.
»Fröhliche Weihnachten«, flüstert sie. Weihnachten ist schließlich die Zeit zum Teilen. Das weiß Mia.

Der große Engel zwinkert ihr zu und lächelt.
Ein bisschen was Gewünschtes und Geschenktes
kann eben jeder gebrauchen.

Als Papa und Mia in der U-Bahn sitzen und nach Hause fahren,
spürt Mia ein ganz warmes Gefühl im Bauch. Draußen ist es schon
dunkel und morgen ist Heiligabend.

Dann kann Mama ihre Geschenke auspacken. Und vielleicht,
wenn Mia Glück hat, gefällt Mama das Spielzeug in der Frühstücks-
flocken-Packung nicht und sie schenkt es lieber ihrer Tochter.

»Warten ist doof. Aber so ein Weihnachtswarten, das mag ich«,
erklärt sie und kuschelt sich an Papas Jacke. Heiligabend ist nun mal
was Besonderes. Und der endlos lange Tag davor eben auch.